Duden Ratgeber

Zeichensetzung kompakt

Von Christian Stang
in Zusammenarbeit
mit der Dudenredaktion

Dudenverlag
Berlin

Die **Duden-Sprachberatung** beantwortet Ihre Fragen
zu Rechtschreibung, Zeichensetzung, Grammatik u. Ä.
montags bis freitags zwischen 09:00 und 17:00 Uhr.
Aus Deutschland: **09001 870098** (1,99 € pro Minute aus dem Festnetz)
Aus Österreich: **0900 844144** (1,80 € pro Minute aus dem Festnetz)
Aus der Schweiz: **0900 383360** (3,13 CHF pro Minute aus dem Festnetz)
Die Tarife für Anrufe aus den Mobilfunknetzen können davon abweichen.
Den kostenlosen Newsletter der Duden-Sprachberatung können Sie
unter www.duden.de/newsletter abonnieren.

Bibliografische Information der Deutschen Nationalbibliothek
Die Deutsche Nationalbibliothek verzeichnet diese Publikation in der
Deutschen Nationalbibliografie; detaillierte bibliografische Daten
sind im Internet über http://dnb.d-nb.de abrufbar.

Autor und Redaktion haben die Inhalte dieses Werks mit größter Sorgfalt zusammengestellt. Für dennoch wider Erwarten auftretende Fehler übernimmt der Verlag keine
Haftung. Dasselbe gilt für spätere Änderungen in Gesetzgebung oder Rechtsprechung.
Das Werk ersetzt nicht die professionelle Beratung und Hilfe in konkreten Fällen.

Redaktion Dr. Werner Scholze-Stubenrecht
Autor Christian Stang

Herstellung Maike Häßler
Typografie init · Büro für Gestaltung
Umschlaggestaltung Büroecco, Augsburg
Satz fotosatz griesheim GmbH
Druck und Bindung Heenemann GmbH & Co. KG, Bessemerstraße 83–91, 12103 Berlin
Printed in Germany

ISBN 978-3-411-74352-0
Auch als E-Book erhältlich unter: ISBN 978-3-411-91131-8
www.duden.de

Richtig gesetzte Satzzeichen sind für die Lesenden eine unverzichtbare Hilfe: Sie gliedern den Text, machen ihn übersichtlich und helfen, Missverständnisse zu vermeiden. Außerdem sind sie ein Mittel der stilistischen Gestaltung: Mit ihnen können die Schreibenden Hervorhebungen, besondere Aussageabsichten und Nuancierungen zum Ausdruck bringen.

Die Broschüre „Duden Ratgeber kompakt – Zeichensetzung" ermöglicht allen Benutzerinnen und Benutzern einen schnellen Zugriff auf die wesentlichen Regeln der deutschen Zeichensetzung. Sie eignet sich sowohl zum schnellen Nachschlagen als auch zum Wiederholen und Auffrischen vorhandener Grundkenntnisse.

Den größten Raum dieser Broschüre nimmt die Darstellung der Kommasetzung ein. Die Frage, an welcher Stelle ein Komma stehen muss und wann nicht, bereitet selbst geübten Schreibenden regelmäßig Schwierigkeiten. Gerade in diesem Bereich wird den Benutzerinnen und Benutzern eine große Anzahl an Beispielsätzen zur Verfügung gestellt, die das Regelwerk illustrieren und zur Vermeidung von Zweifelsfällen beitragen sollen. Optisch hervorgehobene Tipps und Warnhinweise helfen in besonders kniffligen Fällen.

Selbstverständlich wird auch der Gebrauch der übrigen Satzzeichen ausführlich erläutert. In einem eigenen Kapitel werden darüber hinaus die sogenannten Wortzeichen (Apostroph, Ergänzungsstrich und Schrägstrich) dargestellt.

Wegen des bewusst knapp gehaltenen Umfangs kann und will diese Broschüre nur zusammenfassendes Überblickswissen bieten. Wer weiterführende Informationen sucht, sei insbesondere auf das Duden-Handbuch „Zeichensetzung" verwiesen, das die Regeln der Zeichensetzung ausführlich vorstellt und zur Klärung von Einzelproblemen im Bereich der Kommasetzung umfangreiche Tabellen enthält.

Diese Broschüre berücksichtigt in allen Teilen den aktuellen Stand der amtlichen, für Schulen und Behörden verbindlichen deutschen Rechtschreibung.

Die Dudenredaktion

Inhalt

Die Satzzeichen

Die Satzmittezeichen

Das Komma

Das Komma zwischen Satzteilen:

Das Komma bei der Aufzählung:

Das Komma steht zwischen den Teilen einer **Aufzählung.**

In Weimar lebten Goethe, Herder, Schiller, Wieland.

Die Firma arbeitet schnell, preiswert, zuverlässig.

Für heute, morgen, übermorgen müsste noch genug Essbares im Haus sein.

Sie können das Programm aus dem Internet herunterladen, auf einer CD-ROM im Handel erwerben, sich in gedruckter Form zuschicken lassen.

ACHTUNG!

Bei den meisten Aufzählungen in dieser Form wird das letzte Element mit **und** angeschlossen. Vor diesem Wort steht **kein** Komma.

In Weimar lebten Goethe, Herder, Schiller *und* Wieland.

Die Firma arbeitet schnell, preiswert *und* zuverlässig.

Für heute, morgen *und* übermorgen müsste noch genug Essbares im Haus sein.

Sie können das Programm aus dem Internet herunterladen, auf einer CD-ROM im Handel erwerben *und* sich in gedruckter Form zuschicken lassen.

Kein Komma steht, wenn die Elemente einer Aufzählung durch

■ **und** (→ den vorangehenden Abschnitt),

Sie hat Fleisch *und* Wurst eingekauft.
Wir haben heute *und* morgen eine Besprechung.
Das Buch gibt es als kartonierte *und* gebundene Ausgabe.

■ **oder,**

Es wurde darüber verhandelt, ob Bonn *oder* Berlin die Hauptstadt werden soll.
Er wird montags *oder* dienstags zur Bank gehen.
Die Kundin musste sich zwischen einem Analog- *oder* ISDN-Anschluss entscheiden.

■ **sowie,**

An der Veranstaltung nahmen Kinder *sowie* Jugendliche teil.
Die drei Hauptgattungen der Literatur sind Epik, Lyrik *sowie* Dramatik.
Er sollte Wurst, Käse *sowie* Wein mitbringen.

■ **entweder – oder,**

Heute gehe ich *entweder* in die Stadt *oder* ins Schwimmbad.
Sie wird *entweder* anrufen *oder* eine E-Mail übermitteln.
Er sagt jetzt *entweder* Ja *oder* Nein.

■ **sowohl – als auch,**

Wir verbrachten den Urlaub *sowohl* in Frankreich *als auch* in Spanien.
Sie spielt *sowohl* Geige *als auch* Klavier.
Die Vereinigung machte *sowohl* durch Vorträge *als auch* durch Veröffentlichungen auf sich aufmerksam.

■ **weder – noch**

Er wird *weder* heute *noch* morgen kommen.
Ich weiß *weder* seinen Vornamen *noch* seinen Familiennamen.
Sie hat ihn *weder* beruflich *noch* künstlerisch gefördert.

verbunden sind.

Die Satzzeichen

ACHTUNG!

Gleichrangige Adjektive
(Eigenschaftswörter) vor einem
Substantiv (Hauptwort) werden mit
Komma getrennt.

ein gepflegter, sonniger Garten
ein kaltes, bitter schmeckendes Getränk
eine strebsame, zuverlässige Schülerin

Tipps

- In diesen Fällen lässt sich anstelle des
Kommas das Wort **und** einsetzen.

ein gepflegter *und* sonniger Garten
ein kaltes *und* bitter schmeckendes
Getränk
eine strebsame *und* zuverlässige Schüle-rin

- In diesen Fällen ändert sich durch ein
Umstellen der Adjektive (Eigenschafts-wörter) **nicht** der Sinn.

ein sonniger, gepflegter Garten
ein bitter schmeckendes, kaltes Getränk
eine zuverlässige, strebsame Schülerin

Kein Komma steht, wenn das **letzte** Adjektiv
(Eigenschaftswort) mit dem Substantiv
(Hauptwort) einen **Gesamtbegriff** bildet.

Tipps

- In der Regel handelt es sich dabei
um ein Adjektiv (Eigenschaftswort), das

    – eine **Farbe,**

der gute *schwarze Anzug*
die langstielige *rote Rose*
das neue *weiße Kleid*

    – ein **Material,**

der glitzernde *goldene Ohrring*
die schöne *steinerne Brücke*
ein handgenähter *lederner Ball*

    – eine **Zugehörigkeit,**

die allgemeine *wirtschaftliche Lage*
ein aktiver *gemeinnütziger Verein*
eine wichtige *amtliche Mitteilung*

    – eine **Herkunft**

das schöne *neuromanische Schloss
Neuschwanstein*
ein berühmter *englischsprachiger Roman*
eine neue *amerikanische Droge*

bezeichnet.

- Wenn das **erste** Adjektiv (Eigenschafts-wort) **nicht dekliniert** (gebeugt) ist, folgt
immer ein Gesamtbegriff.

der *rot* schimmernde Diamant
die *hilflos* zurückgelassene Frau
das *herrlich* weiße Mehl

Das Komma in Briefen:

Das Komma steht nach der **Briefanrede.** Anstelle des Kommas kann auch ein Ausrufezeichen gesetzt werden (→ S. 31).

(In der Schweiz ist es üblich, kein Satzzeichen nach der Anrede zu setzen und das erste Wort des Textes großzuschreiben.)

Sehr geehrte Damen und Herren, herzlichen Dank für Ihren Brief ...

Sehr verehrter Herr Bundespräsident, mit diesem Schreiben ...

Lieber Johannes, vielen Dank für die schöne Karte ...

Das Komma bei Appositionen (Beisätzen):

Die **Apposition** (der Beisatz) wird in Kommas eingeschlossen.

Konrad Duden, *der Vater der deutschen Einheitsorthografie,* wurde am 3. 1. 1829 auf Gut Bossigt bei Wesel geboren.
Marco Polo, *ein venezianischer Kaufmann,* bereiste im 13. Jahrhundert große Teile Ostasiens.
Mein Onkel, *ein großer Tierfreund,* und seine Katzen leben in einer alten Mühle.

Tipps

Die Apposition (der Beisatz) ist ein **erklärender Zusatz,** der im gleichen Fall wie das Substantiv (Hauptwort) steht. Die Apposition kann man weglassen, **ohne** dass der Satz sinnlos wird.

Konrad Duden wurde am 3. 1. 1829 auf Gut Bossigt bei Wesel geboren.
Marco Polo bereiste im 13. Jahrhundert große Teile Ostasiens.
Mein Onkel und seine Katzen leben in einer alten Mühle.

ACHTUNG!

Manchmal ist es erforderlich, zwischen einer **Aufzählung** und einer **Apposition** (einem Beisatz) zu unterscheiden.

Aufzählung:

Andrea,	*meine Frau*	und ich
▼	▼	▼
1. Person	**2. Person**	3. Person

werden heute Abend ins Kino gehen.

Apposition:

Andrea,	*meine Frau,*	und ich
▼	▼	▼
1. Person	**Apposition**	2. Person

werden heute Abend ins Kino gehen.

Die Satzzeichen

Nachgestellte Erläuterungen werden durch
ein Komma abgetrennt oder in Kommas
eingeschlossen, wenn der Satz weitergeht.
Solche Erläuterungen werden häufig durch

■ **also,**

einfaches Komma:
Das Wort ist veraltet, *also* heute
ungebräuchlich.
paariges Komma:
Sie können uns morgen, *also* am Mittwoch,
in unseren Büroräumen aufsuchen.

■ **besonders,**

einfaches Komma:
Er liebt einen guten Wein, *besonders*
Rotwein.
paariges Komma:
Knackmandeln und Nüsse, *besonders*
Paranüsse, schätze ich sehr.
(→ insbesondere)

■ **das heißt** (d. h.),

einfaches Komma:
Das Wort „Spiel" schreibt man mit langem
„i", *das heißt* mit „ie".
paariges Komma:
Am frühen Abend, *das heißt* nach Büro-
schluss, ist der Verkehr besonders stark.

■ **das ist** (d. i.),

einfaches Komma:
Ein Düker, *das ist* eine im Flussbett verlegte
Rohrleitung.
paariges Komma:
Im Juni, *das ist* nach meinem Examen,
wollen wir heiraten.

■ **insbesondere,**

einfaches Komma:
Er liebt einen guten Wein, *insbesondere* Rotwein.
paariges Komma:
Knackmandeln und Nüsse, *insbesondere*
Paranüsse, schätze ich sehr.
(→ besonders)

■ **nämlich,**

einfaches Komma:
Ich fahre später, *nämlich* erst nach
Abschluss der Verhandlungen.

paariges Komma:
Dass sie nur einen anderen schützen wollte, *nämlich* den Bruder der Angeklagten, ist offenkundig.

■ **und das,**

einfaches Komma:
Er hatte einen Schwips, *und das* am frühen Morgen.
paariges Komma:
Sie ärgert sich, *und das* täglich, über ihren Vorgesetzten.

■ **und zwar,**

einfaches Komma:
Das Schiff fährt wöchentlich einmal, *und zwar* sonntags.
paariges Komma:
Das Schiff fährt wöchentlich einmal, *und zwar* sonntags, nach Helgoland.

■ **vor allem,**

einfaches Komma:
Für dieses Gericht braucht man frische Kräuter, *vor allem* Dill und Basilikum.
paariges Komma:
Der Gebrauch der Satzzeichen, *vor allem* die Kommasetzung, erfordert grammatikalisches Grundwissen.

■ **zum Beispiel** (z. B.)

einfaches Komma:
In der deutschen Grammatik unterscheidet man verschiedene Wortarten, *zum Beispiel* Verben, Substantive, Adjektive, Artikel.
paariges Komma:
Häufig verwendete Fremdwörter, *zum Beispiel* Akzent (von lat. „accentus") und Büro (von frz. „bureau"), folgen den Regeln der deutschen Rechtschreibung.

eingeleitet.

ACHTUNG!

Nach **das heißt** (d. h.) und **das ist** (d. i.) steht unmittelbar ein Komma, wenn ein bei- oder untergeordneter Satz folgt.

Am frühen Abend, *das heißt,* sobald die Büros geschlossen haben, ist der Verkehr besonders stark.

Im Juni, *das ist,* wenn ich mein Examen hinter mir habe, wollen wir heiraten.

Die Satzzeichen

Das Komma bei Datums-, Wohnungs- und Literaturangaben:	
Zwischen mehrteiligen **Datums- und Zeitangaben** steht ein Komma.	Wir treffen uns am Samstag, dem 26. März 2016. Er kommt Samstag, den 26. März 2016.
Bei der **Weiterführung** des Satzes ist das letzte Komma **freigestellt.**	Wir treffen uns am Samstag, dem 26. März 2016 um 19 Uhr. **oder:** Wir treffen uns am Samstag, dem 26. März 2016, um 19 Uhr. Die Veranstaltung findet Samstag, den 26. März 2016, um 19 Uhr in der Donau-Arena statt. **oder:** Die Veranstaltung findet Samstag, den 26. März 2016, um 19 Uhr, in der Donau-Arena statt.
Zwischen mehrteiligen **Wohnungsangaben** steht ein Komma.	Er wohnt in München, Mies-van-der-Rohe-Straße 1. Die Antragstellerin wohnt in 93053 Regensburg, Landshuter Straße 4.
Bei der **Weiterführung** des Satzes ist das letzte Komma **freigestellt.**	Frau Huber aus Bonn, Königstraße 10 ist die glückliche Gewinnerin. **oder:** Frau Huber aus Bonn, Königstraße 10, ist die glückliche Gewinnerin. Herr Bauer ist von Mannheim-Käfertal, Irisweg 1 nach Mannheim-Feudenheim, Eberbacher Platz 2 verzogen. **oder:** Herr Bauer ist von Mannheim-Käfertal, Irisweg 1, nach Mannheim-Feudenheim, Eberbacher Platz 2, verzogen.
Zwischen mehrteiligen **Literaturangaben** steht ein Komma.	Diese Regel steht im Duden – Die deutsche Rechtschreibung, 26. Auflage, S. 71, K 110. Ich zitiere aus dem Brockhaus in zehn Bänden, Band 7, S. 167.

Bei der **Weiterführung** des Satzes ist das letzte Komma **freigestellt.**

Diese Regel ist im Duden – Die deutsche Rechtschreibung, 26. Auflage, S. 71, K 110 aufzufinden.
oder:
Diese Regel ist im Duden – Die deutsche Rechtschreibung, 26. Auflage, S. 71, K 110, aufzufinden.

Der Brockhaus in zehn Bänden, Band 7, S. 167 informiert eingehend über das Thema.
oder:
Der Brockhaus in zehn Bänden, Band 7, S. 167, informiert eingehend über das Thema.

Das Komma bei Konjunktionen (Bindewörtern):

Das Komma steht zwischen **Satzteilen,** die durch **Konjunktionen** (Bindewörter) miteinander verbunden sind.

Zur Gruppe der Konjunktionen (Bindewörter) mit **entgegensetzender Bedeutung** gehören zum Beispiel

- **aber,**

Die Untersuchungen waren aufwendig, *aber* erfolgreich.
Sie hat die Unterlagen besorgt, *aber* verspätet.
Ilona ist gut im Schwimmen, *aber* nicht im Tauchen.

- **doch,**

Die Gaststätte ist klein, *doch* immer gut besucht.
Sie erlernt ein Musikinstrument, *doch* bislang ohne Erfolg.
Die Digitalkamera ist benutzerfreundlich, *doch* teuer.

- **jedoch,**

Er geht heute in die Stadt, *jedoch* erst am Abend.
Sie kam bald zurück, *jedoch* ohne das Geschenk.

- **sondern.**

Diese Hose ist nicht schwarz, *sondern* grau.
Sie war keine Mathematikerin, *sondern* eine Physikerin.

Die Satzeichen

Zur Gruppe der **mehrteiligen** anreihenden Konjunktionen (Bindewörter) gehören zum Beispiel

■ **einerseits – and[e]rerseits,**

Einerseits wollte sie nicht drängen, *andererseits* hatte sie es eilig.
Er ist *einerseits* fleißig, *andererseits* aber auch verspielt.
Einerseits machte es Spaß, *andererseits* Angst.

■ **nicht nur – sondern auch,**

Sie ist *nicht nur* eine gute Musikerin, *sondern auch* eine ausgezeichnete Malerin.
Er spielt *nicht nur* Tennis, *sondern auch* Handball.
Sie war *nicht nur* in der Schule, *sondern auch* auf dem Sportplatz die Beste.

■ **teils – teils.**

Der Schüler machte seine Hausaufgaben *teils* selbst, *teils* mithilfe seines Vaters.
Sie verbrachte ihre Ferien *teils* in Frankreich, *teils* in Italien.

ACHTUNG!

Bei Vergleichen werden mit **als** oder **wie** eingeleitete Gliedsätze (Nebensätze, → S. 18) mit Komma abgetrennt.

Alexander ist größer, *als* Wolfgang im gleichen Alter *war*.
Das ist ein anderer Stempel, *als* ich ihn damals *hatte*.

Kommen Sie so schnell, *wie Sie können!*
Der neue Arbeitsplatz ist nicht so ansprechend, *wie es der alte war*.

Wenn kein Gliedsatz (Nebensatz) vorliegt, steht **kein** Komma.

Alexander ist größer *als* Wolfgang.
Der neue Computer ist teurer *als* der alte.
Ich gehe lieber schwimmen *als* einkaufen.

Alexandra ist so groß *wie* Petra.
Er gab das Geld aus *wie* ein Millionär.

Bei **nachgestellten Zusätzen** mit **wie** ist die Kommasetzung **freigestellt.**

Die Satzeichen wie Komma, Semikolon, Doppelpunkt und dergleichen werden in dieser Broschüre erläutert.
oder:
Die Satzeichen, wie Komma, Semikolon, Doppelpunkt und dergleichen, werden in dieser Broschüre erläutert.

Das Komma bei Infinitiv- und Partizipgruppen: Tipps

- Die **Infinitivgruppe** (Gruppe der Grundform) besteht aus dem Wort **zu** und einem **Verb** (Zeitwort), das im Infinitiv steht und oft mit einer näheren Bestimmung verbunden ist.

Er versucht, *die Sache* zu klären.
▼
nähere *„zu"* plus Verb
Bestimmung im Infinitiv

- Die **Partizipgruppe** (Gruppe des Mittelworts) besteht aus einem **Partizip** (Mittelwort), das mit einer näheren Bestimmung verbunden ist.

Die Zahlungsmodalitäten betreffend[,]
▼　　　　　　▼
nähere Bestimmung　Partizip

möchten …

Das Partizip (Mittelwort) ist oft an den Endungen **-end** bzw. **-nd** oder an der Vorsilbe **ge-** zu erkennen.

betreff*end*, les*end*, schlaf*end*, sing*end*, zwitscher*nd*, flimmer*nd*, wimmer*nd*, *ge*stärkt, *ge*macht, *ge*tanzt, *ge*lesen

Bei **Infinitivgruppen** (Gruppen der Grundform) **muss** in drei Fällen ein Komma stehen:

- Die Infinitivgruppe (Gruppe der Grundform) wird mit

– **als,** — Er konnte nichts Besseres tun, *als* zu reisen.

– **[an]statt,** — Er spielte, *[an]statt* zu arbeiten.

– **außer,** — Er hatte nichts zu tun, *außer* seine Nachbarn ständig zu beobachten.

– **ohne,** — Er sagte dies, *ohne* mir dabei einmal in die Augen zu sehen.

– **um** — Sie ging in die Stadt, *um* ein Geburtstagsgeschenk zu kaufen.

eingeleitet.

- Die Infinitivgruppe (Gruppe der Grundform) hängt von einem **Substantiv** (Hauptwort) ab.

Er fasste den *Gedanken,* den Arbeitsplatz zu wechseln.
Sie hat den *Wunsch,* ihre kreative Seite auch beruflich besser zum Einsatz bringen zu können.

Die Satzzeichen

■ Die Infinitivgruppe (Gruppe der Grundform) wird durch ein **hinweisendes Wort** **angekündigt** oder **wieder aufgenommen**.

Ankündigung durch ein hinweisendes Wort:

Hier bin ich **dafür**, *abzustimmen*.

weist hin auf

Wiederaufnahme durch ein hinweisendes Wort:

Diese Sprache zu erlernen, **das** war ...

weist hin auf

... ihr großer Wunsch.

ACHTUNG!

Wenn der Infinitiv (die Grundform) **nicht** mit einer näheren Bestimmung oder einem der oben genannten Einleitewörter verbunden ist, **kann** auf das Komma verzichtet werden.

Dies gilt allerdings nur, wenn durch den Verzicht auf das Komma **keine Missverständnisse** entstehen können.

Den Gedanken, auszuwandern, hatte er schon lange ins Auge gefasst.
oder:
Den Gedanken auszuwandern hatte er schon lange ins Auge gefasst.

Bei **Partizipgruppen** (Gruppen des Mittelworts) **kann** ein Komma stehen, um die **Gliederung** des Satzes zu verdeutlichen oder um **Missverständnisse** auszuschließen.

Die Zahlungsmodalitäten betreffend möchten wir Ihnen heute den folgenden Vorschlag machen.
oder:
Die Zahlungsmodalitäten betreffend, möchten wir Ihnen heute den folgenden Vorschlag machen.

Durch eine Tasse Kaffee gestärkt werden wir unsere Aufgabe fortsetzen.
oder:
Durch eine Tasse Kaffee gestärkt, werden wir unsere Aufgabe fortsetzen.

ACHTUNG!

Wenn die **Partizipgruppe** (Gruppe des Mittelworts) durch ein **hinweisendes Wort** **angekündigt** oder **wieder aufgenommen** wird, **muss** ein Komma stehen.

Genau so, mit viel Salami belegt, hat er die Pizza am liebsten.
Aus vollem Halse lachend, *so* kam sie auf uns zu.
Auf diese Weise, jeden Stein einzeln umdrehend, hatten wir schließlich Erfolg mit unserer Suche.

■ **Das Komma zwischen Sätzen:**

Das Komma zwischen Hauptsätzen:

Das Komma steht zwischen **Hauptsätzen.**

Hauptsatz ,	Hauptsatz
Andrea liest Zeitung,	Thomas singt.

Hauptsatz ,	Hauptsatz ,	Hauptsatz
Die Musik wird leiser,	der Vorhang hebt sich,	die Musik beginnt.

Tipp

Merkmale des Hauptsatzes:

■ Der Hauptsatz kann **allein** stehen.
■ Der Hauptsatz besteht in der Regel aus **Subjekt** (Satzgegenstand) und **Prädikat** (Satzaussage).
■ Im einfachen Hauptsatz (außer Frage- und Aufforderungssatz) steht das **Verb** (Zeitwort) an **zweiter** Stelle.

Andrea	liest	Zeitung.
▼	▼	
Subjekt	Prädikat – Verb an zweiter Stelle	

ACHTUNG!

Zwischen Hauptsätzen, die mit **und** bzw. **oder** verbunden sind, **kann** ein Komma stehen, um die **Gliederung** des Satzes zu verdeutlichen.

Andrea liest Zeitung *und* Thomas singt.
oder:
Andrea liest Zeitung, *und* Thomas singt.

Wir stiegen in den Bus *und* die Kinder weinten, weil sie gern noch geblieben wären.
oder:
Wir stiegen in den Bus, *und* die Kinder weinten, weil sie gern noch geblieben wären.

Wir warten auf euch *oder* die Kinder gehen schon voraus.
oder:
Wir warten auf euch, *oder* die Kinder gehen schon voraus.

Die Satzzeichen

Du bist jetzt entweder lieb *oder* du gehst sofort nach Hause.

oder:

Du bist jetzt entweder lieb, *oder* du gehst sofort nach Hause.

Das Komma zwischen Haupt- und Gliedsatz:

Das Komma steht zwischen **Haupt**- und **Gliedsatz** (Nebensatz).
Der Gliedsatz kann dabei

- zu **Beginn,**

Gliedsatz	,	Hauptsatz
Dass das Auto seinen Zweck erfüllt,		glaube ich.

- in der **Mitte,**

Hauptsatz	,	Gliedsatz	,	Hauptsatz
Das Buch,		das ich mir gekauft habe,		gefällt mir sehr gut.

- am **Ende**

Hauptsatz	,	Gliedsatz
Ich glaube,		dass das Auto seinen Zweck erfüllt.

stehen.

Tipp

Merkmale des Gliedsatzes (Nebensatzes):

- Der Gliedsatz kann **nicht** allein stehen.
- Der Gliedsatz wird oft durch eine **Konjunktion** (ein Bindewort) eingeleitet.
- Im Gliedsatz steht das **Verb** (Zeitwort) immer am **Ende.**

... *dass*	das Auto seinen Zweck	erfüllt.
▼		▼
Konjunktion		Verb am Ende

Das Komma steht zwischen **Gliedsätzen** (Nebensätzen), die nicht durch **und** bzw. **oder** verbunden sind.

Hauptsatz	,	Gliedsatz	,	Gliedsatz
Der Lehrer erwartet,		dass er die Aufgabe erledigt,		die er bekommen hat.

Das Semikolon (der Strichpunkt)

Das Semikolon bei Aufzählungen:

Das Semikolon grenzt bei längeren Aufzählungen die einzelnen **Sinneinheiten** voneinander ab.

An Freizeiteinrichtungen bieten wir Ihnen: Tennis-, Volleyball- und Fußballplätze; Reitwege, Wanderwege, Joggingwege; Hallenbäder, Freibäder, Badestrände.

In dieser fruchtbaren Gegend wachsen Roggen, Gerste, Weizen; Kirschen, Pflaumen, Äpfel; Tabak und Hopfen; ferner die verschiedensten Arten von Nutzhölzern.

Unser Proviant bestand aus gedörrtem Fleisch, Speck und Rauchschinken; Ei- und Milchpulver; Reis, Nudeln und Grieß.

Das Semikolon in Sätzen:

Das Semikolon steht zwischen längeren Sätzen, die inhaltlich **eng** miteinander verbunden sind.

Den genauen Liefertermin für das Ersatzteil können wir Ihnen leider heute noch nicht nennen; wir sind aber sehr zuversichtlich, dass sich die Reparatur noch vor Ihrem Urlaub durchführen lässt.

Die Familie meiner Mutter stammt aus Italien; die meines Vaters dagegen aus Ungarn.

Sie beschäftigt sich seit einigen Jahren mit der deutschen Literatur und ihrer Geschichte; zurzeit besucht sie eine Vorlesung zur Entstehung des Nibelungenliedes.

Bitte beachten Sie die folgenden Regelungen: Die Einschreibung muss schriftlich erfolgen; die Einschreibungsfrist beträgt vier Wochen; eine Bestätigung geht Ihnen ausschließlich auf dem Postweg zu.

Die Satzzeichen

Der Doppelpunkt

Der Doppelpunkt vor der direkten Rede:

Der Doppelpunkt steht vor der **direkten** (wörtlichen) Rede.	Der Abteilungsleiter sagte: „Wir werden das Projekt gleich in Angriff nehmen." Er fragte: „Wird das Wort getrennt geschrieben?" Sie stellte fest: „Das Projekt ist bei unseren Partnern auf großes Interesse gestoßen." Martin erwiderte: „Darüber ist noch nicht das letzte Wort gesprochen."

Der Doppelpunkt vor Zitaten:

Der Doppelpunkt steht vor **Zitaten**. (Zu den Anführungszeichen bei Zitaten → S. 37.)	Friedrich von Schiller schrieb: „Was ist die Mehrheit? Mehrheit ist Unsinn; Verstand ist stets bei wen'gen nur gewesen." John F. Kennedy sprach: „Alle freien Menschen, wo immer sie leben mögen, sind Bürger dieser Stadt Westberlin, und deshalb bin ich als freier Mann stolz darauf, sagen zu können: ‚Ich bin ein Berliner!' " Von Conrad Ferdinand Meyer stammt der Satz: „Was langsam reift, das altert spät." Peter Rosegger bemerkte: „Kein Aprilwetter schlägt so rasch um wie die Stimmung der Menge."

Der Doppelpunkt vor Aufzählungen:

Der Doppelpunkt steht vor **Aufzählungen**, wenn diese angekündigt werden.	In der deutschen Grammatik unterscheidet man verschiedene Wortarten: Verb, Substantiv, Adjektiv, Artikel ... In dieser Broschüre werden die Regeln zu den folgenden Satz- und Wortzeichen dargestellt: Komma, Semikolon (Strichpunkt), Doppelpunkt, Gedankenstrich, Punkt, Ausrufezeichen, Fragezeichen, Klammer, Anführungszeichen, Apostroph (Auslassungszeichen), Ergänzungsstrich (Ergänzungsbindestrich), Schrägstrich.

Wenn die Aufzählung durch

- **nämlich,**

  Ich fahre später, *nämlich* erst nach Abschluss der Verhandlungen.

- **das heißt** (d. h.),

  Das Wort „Spiel" schreibt man mit langem „i", *das heißt* mit „ie".

- **das ist** (d. i.),

  Ein Düker, *das ist* eine im Flussbett verlegte Rohrleitung.

- **zum Beispiel** (z. B.)

  In der deutschen Grammatik unterscheidet man verschiedene Wortarten, *zum Beispiel* Verben, Substantive, Adjektive, Artikel.

eingeleitet wird, braucht **kein** Doppelpunkt gesetzt zu werden.

(Zur Kommasetzung → S. 10 f.)

Der Doppelpunkt vor Satzstücken und Einzelwörtern:

Der Doppelpunkt steht vor **Satzstücken** und **Einzelwörtern,** wenn diese angekündigt werden.

Beginn: 20:00 Uhr
Verfasser: Johann Wolfgang von Goethe
Haltbar bis: 10. 11. 2018
Familienstand: ledig
Gerichtsstand: Bremen

Der Doppelpunkt vor Zusammenfassungen und Folgerungen:

Der Doppelpunkt kündigt **Zusammenfassungen** und **Folgerungen** an.

Wir halten fest: Der Doppelpunkt kündigt Zusammenfassungen und Folgerungen an.

Das Haus, die Wirtschaftsgebäude, die Scheune und die Stallungen: Alles war den Flammen zum Opfer gefallen.

Wirtschaftskrise, Staatsverschuldung, Arbeitslosigkeit: Die Regierung ist unter Druck.

Das Buch ist brillant geschrieben, voll überraschender Wendungen und noch dazu spannend: ein Meisterwerk!

Die Satzzeichen

■ Der Gedankenstrich

■ Der Gedankenstrich zwischen Sätzen und Einzelwörtern:

Der Gedankenstrich kennzeichnet einen Wechsel:

Der Gedankenstrich kennzeichnet einen

■ **Gedanken-** oder

Leider können wir Ihnen in dieser Sache nicht behilflich sein. – Wir müssen unsere Konsequenzen ziehen.
Wir sind bedauerlicherweise nicht in der Lage, diesen Wunsch zu erfüllen. – Besprechen wir jetzt den nächsten Punkt der Tagesordnung.
Wir behandelten in der letzten Sitzung das Problem der Getreideversorgung. – Hat übrigens inzwischen jemand Herrn Müller gesehen?

■ **Sprecherwechsel.**

„Bist du zu Hause?" – „Ja, ich komme!"
„Ist hier irgendjemand?" – „Ja, hier!"
„Wir haben keine Chance", prophezeite er. – „Sei doch nicht so pessimistisch!", erwiderte seine Frau.

Der Gedankenstrich kennzeichnet Stichwörter:

Der Gedankenstrich kennzeichnet die **Stichwörter** in Inhaltsangaben.

Satzzeichen: Komma – Semikolon (Strichpunkt) – Doppelpunkt – Gedankenstrich – Punkt – Ausrufezeichen – Fragezeichen – Klammer – Anführungszeichen – Apostroph
(Auslassungszeichen) – Ergänzungsstrich (Ergänzungsbindestrich) – Schrägstrich.

Satzarten: Aussagesatz – Fragesatz – Aufforderungssatz – Wunschsatz – Ausrufesatz.

Die Kapitel des Bandes „Duden – Die Grammatik": Phonem und Graphem – Intonation – Das Wort – Der Satz – Der Text – Gesprochene Sprache.

Der Gedankenstrich innerhalb von Sätzen:

Der Gedankenstrich steht bei

- **Kommandos,**

Auf die Plätze – fertig – los!
Rumpf vorwärtsbeugen – beugt!

- **etwas Unerwartetem,**

Plötzlich – der Mann tauchte wieder auf!
Die Stadt – wie ausgestorben, die Häuser –
nur noch rauchende Trümmer.
Er betrat das Zimmer und sah – seine Frau.
Zuletzt tat er das, woran niemand gedacht
hatte – er beging Selbstmord.

- **Gegenüberstellungen,**

neu – gebraucht, hässlich – schön,
jung – alt, diesseits – jenseits,
einerseits – andererseits,
nicht nur – sondern auch

- **Redeabbrüchen.**

„Jetzt fahrn wir übern See, übern See, jetzt
fahrn wir übern –"
Ich wollte doch nur –
Schweig, du –!

Der Gedankenstrich bei Einschüben:

Der Gedankenstrich steht vor und nach
Einschüben, die das Gesagte näher
erläutern. Das zum umgebenden Text
gehörende Satzzeichen darf dabei **nicht**
weggelassen werden.

Wir glauben – und hier sind wir mit Sicherheit nicht allein der Ansicht –, dass das
jetzige Steuersystem verändert werden
muss.

Sie informierte uns – zum Glück! –,
wie es um die Firma bestellt war.

Er behauptete – wissen Sie es noch? –,
dass er bestohlen worden sei.

Verächtlich sagte er – er wandte kaum
den Kopf dabei –: „Das ist eine Fälschung."

23

Die Satzzeichen

■ Die Satzschlusszeichen

■ Der Punkt

■ Der Punkt als Satzschlusszeichen:

Der Punkt steht nach **Aussagesätzen.**	Ich lese dieses Buch mit großem Interesse. Die Satzzeichen gliedern den Text. Der Punkt steht nach Aussagesätzen. Der Stift liegt auf dem Tisch.
Der Punkt steht nach **unvollständigen Sätzen, Satzstücken** und **einzelnen Wörtern,** wenn diese eine eigenständige Sinneinheit bilden.	Hier die gewünschten Unterlagen. Bitte gegengezeichnet zurücksenden. Gut möglich. Nicht ohne Rücksprache. Danke.
Der Punkt steht nach **Aufforderungssätzen,** denen kein **besonderer Nachdruck** verliehen werden soll. Hier ersetzt der Punkt das Ausrufezeichen (→ S.30).	Schildern Sie uns bitte die Situation. Ergänzen Sie die fehlenden Angaben. Bitte informieren Sie mich rechtzeitig. Siehe Abschnitt 1. Vergleiche Seite 12, Absatz 3.

■ Der Punkt nach frei stehenden Zeilen:

Der Punkt steht **nicht** nach **frei stehenden Zeilen.**

Innerhalb eines Briefes:

Kein Punkt steht nach der

■ **Datumsangabe,**	Regensburg, 1. März 2016 01. 03. 2016 2016-03-01 Mannheim, im Herbst 2016
■ **Anschrift,**	Bibliographisches Institut GmbH Mecklenburgische Straße 63 14197 Berlin Herrn Waldemar Herzog Rosenweg 12 1010 WIEN ÖSTERREICH

■ **Betreffzeile,**

Ihr Schreiben vom 10. April 2016
Zahlungsverzögerung
Neue Konditionen im Privatkundengeschäft
Dialogmarketing – einmal anders

■ **Grußformel,**

Mit freundlichen Grüßen
Mit freundlichem Gruß
Mit den besten Wünschen zum Jahres-
wechsel
Herzliche Grüße aus der Hansestadt
Hamburg

■ **Unterschrift.**

Michael Schiller

ppa. Dr. Thomas Müller

gez. Sabine Schwarz

Deine Arbeitskollegin
Andrea

■ **Überschriften, Zeitungs-, Zeitschriften- und Buchtitel:**

Kein Punkt steht nach

■ **Überschriften,**

Überschriften von Schulaufsätzen:
Vorteile und Gefahren der Medien
Vor- und Nachteile der Werbung für Wirt-
schaft und Verbraucher

Überschriften von Zeitungsartikeln:
Weitere Verhandlung in Berlin gescheitert
„Habseligkeiten" zum schönsten deutschen
Wort gekürt

■ **Zeitungs-, Zeitschriften-** und **Buchtiteln.**

Zeitungs- und Zeitschriftentitel:
Frankfurter Allgemeine Zeitung
Süddeutsche Zeitung
Der Spiegel
Focus

Buchtitel:
Duden – Die deutsche Rechtschreibung
Der Brockhaus in zehn Bänden
Harenberg – Das Buch der 1000 Bücher
Die Leiden des jungen Werthers

Die Satzzeichen

■ **Abschnittsgliederungen, Aufzählungen und Tabellen:**

Kein Punkt steht bei

■ **Abschnittsgliederungen,**

1 Einleitung
2 Die Laut-Buchstaben-Zuordnungen
2.1 Der Laut
2.1.1 Allgemeines
...

1 Die Satzzeichen
1.1 Die Satzmittezeichen
1.1.1 Das Komma
1.1.2 Das Semikolon (der Strichpunkt)
...

■ zeilenweise abgesetzten **Aufzählungen,**

Teilbereiche der deutschen Rechtschreibung:
– Die Laut-Buchstaben-Zuordnungen
– Die Getrennt- und Zusammenschreibung
– Die Schreibung mit Bindestrich
– Die Groß- und Kleinschreibung
– Die Zeichensetzung
– Die Worttrennung am Zeilenende

Satzzeichen:
– Komma
– Semikolon (Strichpunkt)
– Doppelpunkt
– Gedankenstrich
– Punkt
– Ausrufezeichen
– Fragezeichen
– Klammer
– Anführungszeichen
– Apostroph (Auslassungszeichen)
– Ergänzungsstrich
  (Ergänzungsbindestrich)
– Schrägstrich

■ **Tabellen.**

Die Wortarten im Überblick	
Wortart	**Beispiele**
Verb	wohnen, bleiben, sein
Substantiv	Mann, Frau, Kind
Adjektiv	schön, hässlich, gut
Artikel	der, die, das
Pronomen	ich, du, mein
Adverb	abends, bald, dort
Partikel	sehr, besonders, bloß
Präposition	auf, über, wegen
Konjunktion	und, weil, dass

AKTIV 1. Stammform (Präsens)	
Indikativ	**1. Konjunktiv**
ich liebe	ich liebe
du liebst	du liebest
er, sie, es liebt	er, sie, es liebe
wir lieben	wir lieben
ihr liebt	ihr liebet
sie lieben	sie lieben

■ **Der Punkt nach Abkürzungen:**

Der Punkt steht nach Abkürzungen, die im **vollen Wortlaut** ausgesprochen werden.

Abb. (Abbildung), bzw. (beziehungsweise), ca. (circa), evtl. (eventuell), Jh. (Jahrhundert), Nr. (Nummer), od. (oder), ppa. (per procura), Str. (Straße), vgl. (vergleiche)

ACHTUNG!

Die Abkürzungen **usw.** und **usf.** werden mit einem Punkt geschrieben.

usw. (und so weiter), usf. (und so fort)

Kein Punkt steht nach Abkürzungen, die als **solche** ausgesprochen werden.

AG	(Aktiengesellschaft),
BGB	(Bürgerliches Gesetzbuch),
BRD	(Bundesrepublik Deutschland),
DFB	(Deutscher Fußball-Bund),
GmbH	(Gesellschaft mit beschränkter Haftung),

Die Satzzeichen

ISBN (internationale Standard-
buchnummer),
PC   (Personalcomputer),
TÜV   (Technischer Überwachungs-Verein),
USA   (United States of America =
Vereinigte Staaten von Amerika),
ZDF   (Zweites Deutsches Fernsehen)

Kein Punkt steht nach

- **Maßeinheiten,**

cm (Zentimeter), g (Gramm),
km (Kilometer), l (Liter), s (Sekunde),
V (Volt), W (Watt), ft (Foot, Feet), yd (Yard)
aber:
Pfd. (Pfund), Ztr. (Zentner)

- **Währungsbezeichnungen,**

CHF (Schweizer Franken), EUR (Euro),
GBP (britisches Pfund)
aber:
Fr./sFr. (Schweizer Franken)

- **Himmelsrichtungen.**

N (Nord[en]), W (West[en]),
SSO (Südsüdost[en])

Wenn **Abkürzungs-** und **Schlusspunkt** aufeinandertreffen, ist nur **ein** Punkt am Ende zu setzen.	Roman Herzog ist Bundespräsident a. D. Er beschäftigt sich mit Rechtschreibung, Grammatik, Stilistik usw. In diesem Buch stehen Gedichte von Goethe, Schiller, Eichendorff u. a.
Bei Abkürzungen **ohne** Punkt ist am Satzende ein **Satzschlusspunkt** zu setzen.	Das Kfz-Kennzeichen von München ist M. Sie lebt seit Längerem in den USA. Diese Bestimmung steht im BGB.

Der Punkt nach Ordinalzahlen:

Der Punkt steht nach **Ordinalzahlen** (Ordnungszahlen).	Mittwoch, 9. 2. 2016, König Ludwig II., 4. Stockwerk, 3. Etage, 80. Geburtstag, 1. Preis, 2. Weltkrieg, 1. FC Nürnberg
Wenn **Ordinalzahl** und **Schlusspunkt** aufeinandertreffen, ist nur **ein** Punkt am Ende zu setzen.	Wir beantworten Ihren Brief vom 9. 2. Man sieht hier ein Bild König Ludwigs II. Er feiert im engsten Familienkreis seinen 80.

■ **Die Auslassungspunkte:**

Drei Auslassungspunkte stehen, wenn eine **Rede abgebrochen** oder ein **Gedankenabschluss verschwiegen** wird.	Es ist wohl ratsam, wenn du … Wer einmal lügt … Und wenn sie nicht gestorben sind … Mir fehlen die W... Das Substantiv beginnt mit H…
Drei Auslassungspunkte stehen, wenn ein **zitierter** Text **unvollständig** wiedergegeben wird.	**Original:** Drei Auslassungspunkte stehen, wenn eine Rede abgebrochen oder ein Gedankenabschluss verschwiegen wird. **Zitat:** Drei Auslassungspunkte stehen, wenn eine Rede abgebrochen … wird. **Original:** Das Ausrufezeichen steht nach Ausrufen, Aufforderungen, Befehlen, Wünschen, Bitten und Warnungen. **Zitat:** Das Ausrufezeichen steht nach Ausrufen … Befehlen, Wünschen … und Warnungen.
Der letzte Auslassungspunkt ist am Satzende zugleich der Schlusspunkt des Satzes.	Was Hänschen nicht lernt … Das ist deine Sache … Wenn du nicht gleich … Sie glaubten in Sicherheit zu sein, doch plötzlich … Ich würde es dir sagen, wenn …
Der erste Auslassungspunkt ist am Satzanfang **nicht** zugleich der Schlusspunkt des vorangehenden Satzes.	**vollständiger Text:** Lügen haben kurze Beine. Durch diesen Zwischenfall hat sich diese Redewendung wieder einmal bewahrheitet. **Text mit Auslassungen:** Lügen haben kurze Beine. … hat sich diese Redewendung wieder einmal bewahrheitet. **vollständiger Text:** Die erste Zeit mit dem Baby war ganz schön anstrengend. Vater werden ist nicht schwer, Vater sein dagegen sehr, kann ich nur sagen. **Text mit Auslassungen:** Die erste Zeit mit dem Baby war ganz schön anstrengend. … Vater sein dagegen sehr, kann ich nur sagen.

29

Die Satzzeichen

◾ **Das Ausrufezeichen**

◾ **Das Ausrufezeichen nach Sätzen:**

Das Ausrufezeichen steht nach **Ausrufen, Aufforderungen, Befehlen, Wünschen, Bitten** und **Warnungen.**	Komm jetzt sofort zurück! Bitte nicht stören! Ruhe! Nur für Werksangehörige! Lesen Sie bitte weiter! Vorsicht, ein Auto! Viel Spaß! Toll! Alles Gute! Herzlichen Glückwunsch! Schönes Wochenende! Friedvolle Feiertage! Prost Neujahr! Grüß Gott! **aber:** Schildern Sie uns bitte die Situation. Ergänzen Sie die fehlenden Angaben. Bitte informieren Sie mich rechtzeitig. Siehe Abschnitt 1. Vergleiche Seite 12, Absatz 3. (→ S. 24)

◾ **Das Ausrufezeichen nach Interjektionen:**

Das Ausrufezeichen steht nach **Interjektionen** (Empfindungswörtern).	Au! Autsch! Auweia! Bäh! Brr! Buh! Heißa! Herrje! Hoppla! Igitt! Juchhe! Nanu! Oje! Pfui! Pst! Puh! Uff!
Mehrere aufeinanderfolgende Interjektionen, die **nicht** besonders betont werden, trennt man mit **Komma.** Das **Ausrufezeichen** steht nur am **Satzende.**	Au, au! Doch, doch! Na, na, na! Nein, nein, nein!
Wenn alle Interjektionen mit besonderem **Nachdruck** versehen werden sollen, dann steht nach **jeder** das **Ausrufezeichen.**	Halt! Halt! Passen Sie doch auf! Nein! Nein! Und um es nochmals zu sagen: Nein!

Das Ausrufezeichen in Briefen:

Das Ausrufezeichen kann anstelle des Kommas nach der **Briefanrede** stehen (→ S. 9).

(In der Schweiz ist es üblich, kein Satzzeichen nach der Anrede zu setzen und das erste Wort des Textes großzuschreiben.)

Sehr geehrte Damen und Herren!
Herzlichen Dank für Ihren Brief ...

Sehr verehrter Herr Bundespräsident!
Mit diesem Schreiben ...

Lieber Johannes!
Vielen Dank für die schöne Karte ...

Das eingeklammerte Ausrufezeichen:

Mit dem eingeklammerten Ausrufezeichen kann man eine **besondere Hervorhebung** ausdrücken.

Die deutsche Einheitsorthografie besteht seit über 100 (!) Jahren.

Selbst vor der eigenen Ehefrau (!) hielt er seine künstlerischen Ambitionen geheim.

Sie behauptete, dem letzten deutschen Kaiser noch persönlich (!) begegnet zu sein.

Die Satzzeichen

■ Das Fragezeichen

■ Das Fragezeichen nach Sätzen:

Das Fragezeichen steht nach **Fragen.**	Wie spät ist es? Hast du heute Abend Zeit? Wer fährt mit dem Bus? Gehst du morgen mit mir ins Theater? Bist du an diesem Vortrag interessiert? Können Sie mir bitte den Weg zum Hotel beschreiben? Haben Sie sich schon über unsere neuen Produkte informiert? Ob das wohl richtig ist? Würden Sie bitte das Fenster schließen? Was soll man sich darüber noch aufregen? Darf ich Sie mit meiner Frau bekannt machen?

■ Das Fragezeichen nach Fragewörtern:

Das Fragezeichen steht nach **Fragewörtern.**	Wie? Wo? Warum? Weshalb? Wieso? Wie viel? Wie viele? Wer? Wessen? Wem? Wen? Auf die Frage „Wessen?" folgt der Genitiv.
Mehrere aufeinanderfolgende Fragewörter, die **nicht** besonders betont werden, trennt man mit **Komma.** Das **Fragezeichen** steht nur am **Satzende.**	**ohne besonderen Nachdruck:** Wie, wo, wann? Warum, weshalb, wieso?
Wenn alle Fragewörter mit besonderem **Nachdruck** versehen werden sollen, dann steht nach **jedem** das **Fragezeichen.**	**mit besonderem Nachdruck:** Wie? Wo? Wann? Warum? Weshalb? Wieso?

Das eingeklammerte Fragezeichen:

Mit dem eingeklammerten Fragezeichen kann man **unglaubwürdige** oder **unbewiesene** Aussagen kennzeichnen.

Diese interessante (?) Lektüre werde ich ihm zum Geburtstag schenken.
Die Schauspielerin ist nach eigenen Angaben 42 (?) Jahre alt.
Sie behauptet, sie habe mit ihrer Schwester (?) die Veranstaltung aufgesucht.
Friedrich I. Barbarossa, geboren in Waiblingen (?) 1122 oder um 1125.

Das Fragezeichen in Verbindung mit dem Ausrufezeichen:

Um einen Fragesatz **zugleich** als Ausrufesatz zu kennzeichnen, werden gelegentlich ein **Frage-** und ein **Ausrufezeichen** aneinandergereiht.

Was soll denn das?!
Warum denn nicht?!
Wird's bald?!
Was fällt dir ein?!

Die Satzeichen

Die paarigen Satzzeichen

Die Klammern

Runde Klammern:

Erläuterungen in Klammern:

Erläuterungen zu Wörtern oder Sätzen stehen im Allgemeinen in runden Klammern.

Frankenthal (Pfalz)
Mine (Bergwerk, Sprengkörper, Kugelschreibereinlage) vs. Miene (Gesichtsausdruck)
Grille (Insekt) und Grille (Laune)

Die Rechtschreibung (Orthografie) ist die Normierung der Schreibweise einer Sprache nach verbindlichen Regeln.

Die Zeichensetzung (Interpunktion) ist für den Lesenden eine unverzichtbare Hilfe.

Konrad Duden (1829–1911) verfasste 1880 sein „Vollständiges Orthographisches Wörterbuch der deutschen Sprache".

Er übergab dem Gläubiger einen Verrechnungsscheck in Höhe von 1000 EUR (in Worten: eintausend Euro).

Frau Bettina Schreiner (rechts im Bild) wurde für ihre ehrenamtliche Tätigkeit ausgezeichnet.

Eingeschobene Sätze in Klammern:

Eingeschobene Sätze können statt in Kommas auch in runde Klammern eingeschlossen werden.

Johannes Gutenberg (der Erfinder der Buchdruckerkunst) wurde in Mainz geboren.

Nach Beendigung der Frostperiode (man rechnet Mitte Februar, spätestens Anfang März) können die baulichen Veränderungen durchgeführt werden.

Wir erwarten deinen Besuch in der nächsten Woche (und zwar am Mittwoch).

Eckige Klammern:

Die Klammern in der Klammer:	
Eckige Klammern können bei Wörtern und Sätzen stehen, die bereits in **runde** Klammern gesetzt sind.	Der erste Präsident der USA (United States of America [Vereinigte Staaten von Amerika]) war George Washington (1732–1799).
	Mit dem Wort Bankrott (vom italienischen „banca rotta" [zusammengebrochene Bank]) bezeichnet man die Zahlungsunfähigkeit.
	Kassiber (heimliches Schreiben [meist in Geheimschrift] von Gefangenen und an Gefangene)

Anmerkungen des Schreibenden:	
Eckige Klammern können bei **Anmerkungen** stehen, die der **Schreibende** in einem zitierten Text vornimmt.	„Das Schloss, das wir gestern besichtigt haben [gemeint ist hier Neuschwanstein], wurde von König Ludwig II. gebaut."
	„Sie legte ihren bunten Shawl [ältere Schreibung von Schal] ab und setzte sich zu uns."
	„Als ich die Alpen zum ersten Mal von oben sah [er war auf dem Flug von Frankfurt nach Rom], war ich von der Großartigkeit der Gebirgslandschaft stark beeindruckt."

Auslassung von Buchstaben:	
Eckige Klammern können bei **Buchstaben** u. dgl. stehen, die **ausgelassen** werden können.	gern[e], Tür[e], dem Mann[e], des Manuskript[e]s, Verwechs[e]lung, Vokalverdopp[e]lung, Vorstellung[skraft]

Die Satzzeichen

■ **Die Anführungszeichen**

■ **Die Anführungszeichen bei der direkten Rede:**

Die Anführungszeichen stehen bei der
direkten (wörtlichen) **Rede.**

Der Begleitsatz kann dabei

■ **vor** dem Redesatz,

■ Die Anführungszeichen schließen
den **gesamten** Redesatz ein.
■ Die zum Satz gehörenden Satzzeichen
bleiben **erhalten.**

Begleitsatz	: „	Redesatz	.“
Er sagte:		„Ich muss in den Keller.“	

Begleitsatz	: „	Redesatz	?“
Sie fragte:		„Was machst du da?“	

Begleitsatz	: „	Redesatz	!“
Er rief:		„Rate doch mal!“	

■ **nach** dem Redesatz,

■ Die Anführungszeichen schließen den **gesamten** Redesatz ein.
■ Nach dem schließenden Anführungszeichen
steht immer ein **Komma.**
■ Beim Aussagesatz **entfällt** der Schlusspunkt.
■ Beim Frage- und Aufforderungssatz bleiben
die zum Satz gehörenden Satzzeichen **erhalten.**

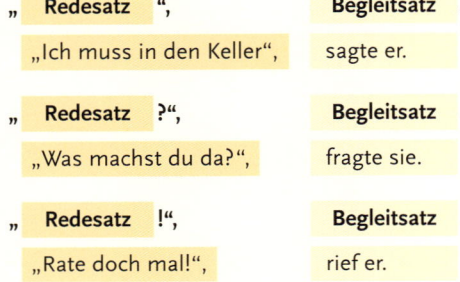

„	Redesatz	“,	Begleitsatz	.
	„Ich muss in den Keller“,		sagte er.	

„	Redesatz	?“,	Begleitsatz	.
	„Was machst du da?“,		fragte sie.	

„	Redesatz	!“,	Begleitsatz	.
	„Rate doch mal!“,		rief er.	

■ **zwischen** den Teilen des Redesatzes

■ Die Anführungszeichen stehen **jeweils** am Anfang und Ende des unterbrochenen Redesatzes.

■ Der eingeschobene Begleitsatz wird durch
das **paarige Komma** gekennzeichnet.

■ Am Ende des Redesatzes steht das zum Satz gehörende Satzzeichen.

„ **Redesatz** „,	**Begleitsatz** , „	**Redesatz** ."
„Um 8 Uhr",	sagte er,	„bin ich hier."

stehen.

Die Anführungszeichen bei Zitaten:

Die Anführungszeichen stehen bei **Zitaten.** (Zum Doppelpunkt bei Zitaten → S. 20.)

Friedrich von Schiller schrieb: „Was ist die Mehrheit? Mehrheit ist Unsinn; Verstand ist stets bei wen'gen nur gewesen."

John F. Kennedy sprach: „Alle freien Menschen, wo immer sie leben mögen, sind Bürger dieser Stadt Westberlin, und deshalb bin ich als freier Mann stolz darauf, sagen zu können: ,Ich bin ein Berliner!'"

Von Conrad Ferdinand Meyer stammt der Satz: „Was langsam reift, das altert spät."

Peter Rosegger bemerkte: „Kein Aprilwetter schlägt so rasch um wie die Stimmung der Menge."

Die Satzzeichen

Die Anführungszeichen bei der Hervorhebung von Wörtern:

Die Anführungszeichen stehen bei der **Hervorhebung** von **Wörtern.**

Das Wort „Katze" wird mit „tz" geschrieben.

Das Wort „fälisch" ist in Anlehnung an West„falen" gebildet worden.

Die „Frankfurter Allgemeine Zeitung" ist eine bekannte Tageszeitung.

Dies ist ja ein „tolles" Geschenk!

Unsere „lieben" Verwandten kommen zu Besuch.

Halbe Anführungszeichen:

Halbe Anführungszeichen stehen, wenn innerhalb eines bereits **mit Anführungszeichen versehenen Satzstückes** oder **Satzes** eine direkte (wörtliche) Rede, ein Titel, ein Zitat oder eine andere Hervorhebung kenntlich gemacht werden soll.

Der Arbeitskollege fragt: „Hast du diesen Artikel in der ‚Frankfurter Allgemeinen Zeitung' schon gelesen?"

„Kennst du die ‚Wünschelrute' von Eichendorff?", erkundigte sich der Lehrer.

Sie sagte: „Im Kino kommt ‚Das Schweigen der Lämmer'."

„Dies war ein Zitat aus Bölls Roman ‚Wo warst du, Adam?', den ich gerade lese", sagte er.

■ **Der Apostroph (das Auslassungszeichen)**

■ **Der Apostroph bei Auslassungen:**

Der Apostroph zeigt das **Fehlen** eines oder mehrerer Buchstaben in einem Wort an.	's war 'n tolles Erlebnis! 'ne ganz nette Geschichte! die heil'ge Erde ein einz'ger Augenblick Bist du's etwa? D'dorf (Düsseldorf) Ku'damm (Kurfürstendamm) Lu'hafen (Ludwigshafen) M'gladbach (Mönchengladbach)

Kein Apostroph steht

■ für das entfallene **Schluss-e** in bestimmten Formen des **Verbs** (Zeitworts);	Ich komm vorbei. Das hör ich gern! Dies lass ich mir nicht bieten! Leg den Mantel zur Seite.
■ für das entfallene **Schluss-e** in Nebenformen eines **Substantivs** (Hauptworts) oder **Adjektivs** (Eigenschaftsworts);	Bursch (Bursche) heut (heute) öd (öde) trüb (trübe)
■ in allgemein gebräuchlichen **Verschmelzungen** von **Präposition** (Verhältniswort) und den **Artikeln** (Geschlechtswörtern) – **das,** – **dem,** – **den;**	 ans (an das), aufs (auf das), fürs (für das) beim (bei dem), hinterm (hinter dem) hintern (hinter den), übern (über den)
■ in mit **r-** beginnenden Kürzungen von Wörtern wie **heran, herauf, herein, herüber** usw.	Ran an die Arbeit! Kommst du rauf? Bist du ohne Schlüssel reingekommen? Komm doch mal rüber.

Bei der Verkürzung des Pronomens (Fürworts) **es** zu **s** ist der Gebrauch des Apostrophs **freigestellt.**	Wie gehts? Nimms leicht! Sags mir doch!	**auch:** Wie geht's? **auch:** Nimm's leicht! **auch:** Sag's mir doch?

Die Wortzeichen

◼ **Der Apostroph bei Namen:**

Der Apostroph kennzeichnet den **Genitiv** (Wesfall) von Namen, die auf **s, ss, ß, tz, z** oder **x** enden.	Claudius' Gedichte, Grass' Blechtrommel, Voß' Übersetzungen, Ringelnatz' Gedichte, Leibniz' Philosophie, Marx' Lehre
Gelegentlich wird der Apostroph vor der Endung **-sch** zur Verdeutlichung der **Grundform** eines **Personennamens** gesetzt.	die Einstein'sche Relativitätstheorie **auch:** die einsteinsche Relativitätstheorie die Grimm'schen Märchen **auch:** die grimmschen Märchen der Ohm'sche Widerstand **auch:** der ohmsche Widerstand
Gelegentlich wird der Apostroph vor dem **Genitiv-s** (Wesfall-s) zur Verdeutlichung der **Grundform** eines **Personennamens** gesetzt.	Andrea's Imbissstube Manfred's Schnellgerichte Ulrich's Würstchenbude

Der Ergänzungsstrich (Ergänzungsbindestrich)

Der Ergänzungsstrich steht, wenn in **mehreren** Wörtern ein **gleicher** Bestandteil ausgelassen wurde.

Die Auslassung kann

- den **letzten** Bestandteil,

  An- und Verkauf, Ein- und Auszahlung, Feld- und Gartenfrüchte, Hin- und Rückfahrt, Material- und Ersatzteillager, Vor- und Nachteile, Balkon-, Garten- und Campingmöbel, kraft- und saftlos, vor- oder rückwärts
  aber:
  Privat- und öffentliche Mittel, öffentliche und Privatmittel

- den **ersten** Bestandteil,

  Baumpflege und -nutzung, Kriegsbefürworter und -gegner, Lederherstellung und -vertrieb, Paketannahme und -ausgabe

- den **letzten und ersten** Bestandteil

  Bundesinnen- und -finanzministerium, Eisenbahnüber- und -unterführungen, Textilgroß- und -einzelhandel, Warenimport- und -exportgeschäfte

betreffen.

Die Wortzeichen

■ **Der Schrägstrich**

■ **Der Schrägstrich bei der Angabe von Größen- und Zahlenverhältnissen:**

Der Schrägstrich steht bei der Angabe von Größen- und Zahlenverhältnissen im Sinne von **je** oder **pro**.

80 km/h (80 Kilometer *je* Stunde)
100 Ew./km² (100 Einwohner *je* Quadratkilometer)
1 J/K (1 Joule *pro* Kelvin)
1,225 kg/m³ (1,225 Kilogramm *pro* Kubikmeter)

■ **Der Schrägstrich bei der Zusammenfassung von Wörtern und Zahlen:**

Der Schrägstrich fasst **Wörter** und **Zahlen** zusammen. Er steht dabei im Sinne von

■ **und,**

die Mitarbeiterinnen/Mitarbeiter
(die Mitarbeiterinnen *und* Mitarbeiter)

die Mitarbeiter/-innen
(die Mitarbeiterinnen *und* Mitarbeiter)

■ **oder/bzw.,**

Ich/Wir überweise[n] von meinem/unserem Konto ...
(Ich *oder* Wir überweise[n] von meinem *oder* unserem Konto ...)

An Herrn/Frau/Firma ...
(An Herrn *bzw.* Frau *bzw.* Firma ...)

■ **bis.**

Wintersemester 2011/12
(Wintersemester 2011 *bis* 2012)

■ **Der Schrägstrich bei der Gliederung von Akten-/Diktatzeichen und Rechnungsnummern:**

Der Schrägstrich gliedert

■ **Aktenzeichen,**

St/75/12
1/912/A/4

■ **Diktatzeichen,**

Ke/Rei
Mü/So

■ **Rechnungsnummern.**

Rechnungsnummer 1490/11
Rechn.-Nr. 1490/11

Adjektiv, das: *Eigenschaftswort.* Wort, das eine Eigenschaft oder ein Merkmal bezeichnet, das ausdrückt, wie jemand oder etwas ist, wie etwas vor sich geht oder geschieht, z. B. *ein großes Haus, das Haus ist groß, er läuft schnell.*

Apposition, die: *Beisatz.* Erklärender Zusatz, der im gleichen Fall wie das → Substantiv steht. Die Apposition kann man weglassen, ohne dass der Satz sinnlos wird, z. B. *Konrad Duden, der Vater der deutschen Einheitsorthografie, wurde am 3. 1. 1829 auf Gut Bossigt bei Wesel geboren.*

Artikel, der: *Geschlechtswort.* Wort, das Geschlecht, Fall und Zahl des → Substantivs angibt. Man unterscheidet zwei Arten: die bestimmten Artikel *(der, die, das)* und die unbestimmten Artikel *(ein, eine).*

Deklination [des → Adjektivs], die: *Beugung [des Eigenschaftsworts].* Bei der Deklination des → Adjektivs wird das Wort in seiner Form verändert. In der Regel wird dies durch eine Endung sichtbar, z. B. *eine warme Mahlzeit, ein harter Stuhl, ein weiches Material.*

Genitiv, der: *Wesfall, 2. Fall.* Fall, der Besitz, Zugehörigkeit und Eigenschaften anzeigt, z. B. *das Haus des Vaters, die Trainerin der Handballmannschaft.*

Infinitiv, der: *Grundform.* Form des → Verbs, die ein Sein oder Geschehen ohne Verbindung mit Person, Zahl usw. angibt, z. B. *kommen, laufen, singen.*

Interjektion, die: *Empfindungswort.* Wort, das eine Empfindung, ein Begehren oder eine Aufforderung ausdrückt oder mit dem ein Laut nachgeahmt wird, z. B. *ach, au; basta, halt; miau, wumm.*

Konjunktion, die: *Bindewort.* Wort, das zwischen Wörtern, Wortgruppen oder Sätzen eine (räumliche, zeitliche, ursächliche o. ä.) Beziehung kennzeichnet, z. B. *er und sie; ich hoffe, dass es gelingt.*

Ordinalzahl, die: *Ordnungszahl.* Wort, das angibt, an welchem Punkt einer Reihenfolge oder Rangordnung eine

Grammatische Fachbegriffe

Person oder Sache steht, z. B. *er wohnt im zweiten (2.) Stock; sie feiert den achtzigsten (80.) Geburtstag.*

Partizip, das: *Mittelwort.*   Form des → Verbs. Das Partizip I / Mittelwort der Gegenwart (z. B. *hoffend, lachend, bindend, lügend*) kann oft wie ein → Adjektiv verwendet werden (z. B. *das lachende Kind*). Das Partizip II / Mittelwort der Vergangenheit (z. B. *gehofft, geweint, gesehen, verwundet, interessiert*) wird zur Bildung der zusammengesetzten Zeitformen gebraucht (z. B. *wir hatten gehofft, sie wurden gesehen*) und kann ebenfalls oft wie ein → Adjektiv verwendet werden (z. B. *die interessierten Besucher*).

Prädikat, das: *Satzaussage.*   Teil des Satzes (→ Verb), der einen Zustand oder ein Geschehen ausdrückt oder aussagt, was mit dem → Subjekt geschieht, z. B. *die Rose blüht; er spielt Gitarre.*

Präposition, die: *Verhältniswort.*   Wort, das in Verbindung mit einem anderen Wort, meist einem → Substantiv, ein (räumliches, zeitliches, ursächliches o. ä.) Verhältnis kennzeichnet, z. B. *sie geht in das Zimmer; er tut es aus Liebe; das Kind spielte mit dem Hammer.*

Pronomen, das: *Fürwort.*   Wort, das ein → Substantiv vertreten oder begleiten kann, z. B. *er, sie; mein Auto, dieses fröhliche Kind.*

Subjekt, das: *Satzgegenstand.*   Teil des Satzes, der etwas Vorhandenes benennt, über das im Satz etwas ausgesagt wird, z. B. *die Rose blüht; er spielt Gitarre.*

Substantiv, das: *Hauptwort, Namenwort, Nomen.*   Wort, das ein Lebewesen, Ding oder einen Begriff u. Ä. benennt, z. B. *Vater, Stuhl, Schönheit, Freude, Drehung.*

Verb, das: *Zeitwort, Tätigkeitswort, Tunwort.*   Wort, das ein Geschehen, einen Vorgang, einen Zustand oder eine Tätigkeit bezeichnet, z. B. *gehen, liegen, singen, tanzen, wünschen.*

Register

Register